[美]吴军 著

孩子的人类文明史 ❹

童趣出版有限公司 编　　人民邮电出版社 出版
北　京

图书在版编目（CIP）数据

给孩子的人类文明史 . 4 /（美）吴军著；童趣出版
有限公司编 . -- 北京：人民邮电出版社，2023.5
ISBN 978-7-115-60071-4

Ⅰ.①给… Ⅱ.①吴… ②童… Ⅲ.①世界史 – 文化
史 – 少儿读物 Ⅳ.① K103-49

中国国家版本馆 CIP 数据核字（2023）第 017849 号

著作权合同登记号　图字：01-2022-4727

著　　　　：[美] 吴军
责任编辑：王敬栋　段亚珍
责任印制：李晓敏
美术设计：木　春　李新泉

编　　　　：童趣出版有限公司
出　　版：人民邮电出版社
地　　址：北京市丰台区成寿寺路 11 号邮电出版大厦（100164）
网　　址：www.childrenfun.com.cn

读者热线：010-81054177
经销电话：010-81054120

印　　刷：鸿博睿特（天津）印刷科技有限公司
开　　本：787×1092　1/16
印　　张：4.5
字　　数：80 千字
版　　次：2023 年 5 月第 1 版　2023 年 5 月第 1 次印刷
书　　号：ISBN 978-7-115-60071-4
定　　价：33.00 元

版权所有，侵权必究。如发现质量问题，请直接联系读者服务部：010-81054177。

前言
古希腊文明

　　古希腊是欧洲文明的发祥地。公元前8—前6世纪，城邦逐渐发展起来。雅典和斯巴达是最著名的两个城邦，它们分别是民主政治和寡头政治的代表。大约在公元前6世纪，希腊步入繁荣昌盛的文明时代，也就是"希腊古典时代"。那时候，希腊诞生了泰勒斯、毕达哥拉斯、苏格拉底、柏拉图、亚里士多德等著名的哲学家、数学家和科学家。他们传播自己的学说，留下了至今仍在影响世界的重要著作。

　　公元前4世纪晚期，亚历山大大帝征服了希腊等地区，把马其顿扩张为横跨欧、亚、非三个大洲的超级大国，也就是亚历山大帝国。公元前323年，他去世之后，亚历山大帝国瓦解为几个国家。这些国家都拥有希腊式的文明，统治者也都是希腊人，因此被称为希腊化国家，它们存在的时期也就被称为"希腊化时代"。这一时期，一大批科学家推动了天文学、数学、地理学、医学和物理学等学科的发展，带领人类进入第一个伟大的科学时代。

目 录

第一章

希腊古典时代

希腊文明的重生   *02*

希腊文明中的哲学与科学   *18*

希腊文明中的艺术   *34*

第二章

希腊化时代

马其顿的崛起   *44*

希腊化时代的科学家   *52*

第一章

希腊古典时代

希腊文明的重生

从黑暗时代走过

希腊早期文明主要在爱琴海沿海的两个地区得到了发展：克里特岛的克里特文明大约出现于公元前2000年，约公元前1450年开始衰落；迈锡尼地区的迈锡尼文明出现于约公元前1600年，约于公元前1400年到公元前1200年达到高峰。

后来的几百年中，希腊一度走向衰落，进入了文明光辉消失的"黑暗时代"（也就是本套书第二册中提到的"荷马时代"，即约公元前11—前9世纪）。迈锡尼风格的宏伟建筑不见了，青铜器等手工艺品也粗制滥造，很多技术沦落到完全失传的地步。我们今天几乎找不到那个时期留下来的文字资料，似乎连文字本身都失传了。

好在文明的火种没有完全消失。大约公元前800年，文明的光辉在希腊大地上重现，并且发展十分迅速。后来的100年里，希腊的农业生产水平突飞猛进，人口增加了7倍之多。

大约公元前8世纪，爱琴海沿岸以及中央岛屿上逐渐出现一些大大小小的城邦。各个城邦地处交通和贸易的关键地带，具体位置一般在易守难攻（容易防守，难以进攻）的高地上。

如同苏美尔人在美索不达米亚建立的城邦一样，古希腊的城邦也包含城市和周边农村。城市是城邦的中心，和农村相互依存。同样地，希腊

▼ 雅典卫城的伊瑞克先神庙

▲ 帕提侬神庙

人的城市中心也有引人注目的神庙。神庙不仅是祭祀场所，也是城邦的政治中心。

这一时期，雅典是希腊最著名的城邦之一，中心城市是雅典卫城。卫城，希腊语为 Acropolis，意思是"高丘上的城邦"。雅典当地人心中的守护神是雅典娜·帕提侬，她是希腊神话中的智慧女神和战争女神。人们不仅用她的名字命名城市，还在城中为她建造了希腊最著名的神庙——帕提侬神庙。

在帕提侬神庙不远处，雅典人还修建了另外两座神庙。一座属于希腊神话中的海神波塞冬，一座属于伊瑞克先。

相传，波塞冬也想保护雅典卫城，但他输给了雅典娜。雅典人从中调和，于是人们也为这名失败者修建了神庙。

伊瑞克先是雅典城邦的第一位君王，他自称是雅典娜的养子，以便让大家认可他的王权。为了祭祀这位君王，人们为他建造了神庙。

大约在公元前 6 世纪，希腊步入繁荣昌盛的文明时代，也就是"希腊古典时代"。那时候，希腊诞生了柏拉图、欧多克索斯、亚里士多德等著名的哲学家、数学家和科学家。他们传播自己的学说，写下了至今仍在影响世界的重要著作。

希腊神话：雅典娜的诞生

宙斯是希腊神话中最重要的天神，他统治世间万物，有着至高无上的地位。宙斯的第一任妻子名叫墨提斯，有人预言她会生下一对儿女，其中的儿子将会夺走自己父亲的王位。宙斯很担心，他干脆把怀有身孕的墨提斯吞进了肚子里。不过作为代价，他患上了一种谁也治不好的头痛病。

一天，宙斯找来匠神，让这位英勇的天神用斧子把他的脑袋劈开。谁也没想到，宙斯的脑袋被劈开后，里面竟然跳出一个身穿战衣、手持长矛的女神。这位女神就是宙斯的女儿雅典娜。墨提斯去哪里了？她没有消失，而是留在宙斯的脑袋里，成了给宙斯出主意的帮手。

▲ 宙斯

雅典娜勇敢、纯洁、有智慧，还是纺织、缝衣、油漆、雕刻等方面的勤劳女神。她让人类获得了生命和智慧，所以雅典人把她当作守护神。

希腊神话是怎么形成的呢？其实，希腊神话和现实有着相当密切的关系。

墨提斯是希腊原住民（原本就住在此地的居民）信奉的女神，而宙斯的形象来源于印欧人的晴空之神。宙斯心情好的时候，天空晴朗，阳光明媚；宙斯不高兴的时候，天空阴沉，电闪雷鸣。

印欧人来到希腊之后，把他们的文化和原住民的文化相融合，形成了宙斯和墨提斯孕育了新生命的神话。换句话说，这个神话实际上指的是印欧人的天神和原住民的天神孕育出了新的天神。

在故事中，宙斯依然是希腊神话中的最高代表，这意味着印欧人最终征服了原住民；墨提斯虽然被宙斯吞下，但仍然留在他的头脑中，象征着原住民保留了自己的传统。

▲ 雅典娜

希波战争：团结一致，抵御外敌

在古代，"希腊"指的不是一个统一的国家，而是许多城邦的总称。在希腊古典时代，波斯帝国的国力逐渐强大，打算吞并希腊。波斯人和希腊人之间爆发了多次战争，而战争也对希腊文明产生了影响。

古希腊历史学家希罗多德所著的《历史》一书，以希波战争（希腊和波斯之间的战争）为线索，讲述了希腊古典时代的历史。根据他写下的文字，我们能够详细了解当时发生的战事。

公元前 6 世纪，波斯帝国的疆土扩张到了爱琴海东边的小亚细亚等地区，那里有不少希腊人的城邦。往后的半个世纪，波斯统治者没有派自己人去管理当地，而是扶持当地的僭（jiàn）主作为管理者。

僭主和君主都能独揽大权，但君主是合法的统治者，僭主则是依靠武力和非法的手段僭越夺权的统治者。小亚细亚等地区的僭主虽然是希腊人，但他们中的一些人常常为了自己的利益向波斯人示好。

小亚细亚有一个叫米利都的城邦，这个城邦跟雅典是隔海相望的邻邦。公元前 500 年，米利都僭主鼓动小亚细亚的希腊城邦抵制反抗波斯人的统治。这场起义得到了雅典等城邦的援助，大家占领了波斯人在当地的主要城市，共同抵制敌人的统治。

这场起义成为了战争的导火线。从那时起，希腊人和波斯人之间的战争，也就是希波战争，正式打响了。

▲ 希罗多德

希波战争一共分为三个阶段。

第一阶段

公元前 492 年，波斯帝国的国王大流士一世决定发动一场战争，彻底征服希腊。攻打希腊北方的色雷斯和马其顿两地时，波斯军队还算顺利。但后来他们遇到了风暴天气，不得不撤退，战争以波斯军队失败告终。

公元前 490 年，波斯军队再次进攻希腊。他们一开始获得了胜利，但很快遭到了希腊人的抵抗，双方在马拉松平原决战。在马拉松战役中，波斯人输给了希腊人。

在希波战争的第一阶段，波斯帝国以失败收场。

第二阶段

公元前 486 年，大流士一世去世，他的儿子薛西斯一世继承王位，并于公元前 480 年再次率兵攻打希腊，

发动了温泉关战役。和上一阶段的战争一样，波斯军队先是赢得了胜利，但在这次战役中遇到了战斗力十足的希腊士兵。当时这支希腊军队的构成是这样的：斯巴达城邦派出约 300 名体格健壮的勇士，其他城邦派出约 6800 名士兵。

一开始，波斯军队不是希腊军队的对手，遭遇了失败。但事有不巧，希腊人中出现了叛徒，波斯人最终打赢了这一仗。在这场战斗中，斯巴达勇士为希腊其他城邦的联合军队拖住了波斯大军，赢得了宝贵的时间，自身却全军覆没。

▲斯巴达勇士勇猛善战

温泉关战役之后，波斯人和希腊人展开了萨拉米湾海战。希腊人出生于爱琴海沿岸，比波斯人更擅长航海，所以打海战优势更大。以雅典舰队为首的联合海军大获全胜，鼓舞了希腊人的士气。大家从防守改为进攻，在之后的普拉提亚战役中再次获胜。

在希波战争的第二阶段，波斯帝国依然落得失败的下场。

第三阶段

普拉提亚战役后，雅典成为希腊最有威力的城邦。公元前 478 年底至公元前 477 年初，雅典组织各城邦形成新的同盟——提洛同盟（提洛岛是希腊的一座岛屿，盟军金库设于提洛岛）。

创建同盟的时候，各个城邦的统治者一起举办了仪式，他们把铁块扔进海里，宣誓团结一致，对抗波斯。大家要么出钱，要么出兵，最终获得胜利。

公元前 449 年，希腊和波斯签署了《卡里阿斯和约》，长达半个世纪的希波战争最终结束。

▼萨拉米湾海战激烈异常

世界上最早的历史学家之一：希罗多德

希罗多德（约公元前484—约前425年）是古希腊作家、历史学家，他写下了西方文学史上第一部完整流传下来的关于历史事件的散文作品——《历史》，因此被尊称为"历史之父"。

希罗多德出生在小亚细亚的一个希腊殖民城邦，因参与了当地推翻统治者的斗争，后来被迫离开城邦。他游历了埃及、巴比伦、黑海北岸等地，是那个时代比较罕见的长途旅行者。

希罗多德每到一个地方，就会去当地的名胜古迹游览，听本地人讲述民间传说和历史故事，并把看到的和听到的一切都记录下来。在雅典居住期间，正逢希波战争结束，雅典的政治和经济都得到了良好发展，文明更是光彩夺目。希罗多德和政治家伯里克利（约公元前495—前429年）结下了深厚友谊。为写《历史》，他曾到各地进行调查研究，他的不少记述已为后世的考古发掘所证实。

除了希波战争外，希罗多德还在《历史》中记载了西亚、北非和希腊等地区的地理环境、经济生活、政治制度、历史往事、风土人情、宗教信仰和名胜古迹。

《历史》不仅为后人提供了珍贵的史实资料，也是一本在审美方面有所追求的文学读物。

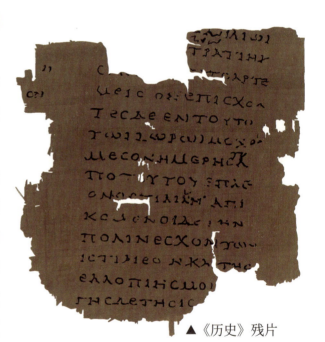

▲《历史》残片

伯罗奔尼撒战争：内部战争，互不相让

在希波战争期间，希腊各城邦并不总是维持同盟关系，彼此之间也会发生斗争。到了希波战争结束后，希腊各城邦之间的冲突越来越严重，并导致了一场残酷的战争，即伯罗奔尼撒战争。希腊人为什么无法团结一致，对外抗敌呢？古希腊历史学家修昔底德（约公元前460—约前400年）曾写下一本名叫《伯罗奔尼撒战争史》的著作，书中提到了希腊人发动伯罗奔尼撒战争的种种原因。

▲ 伯里克利

提洛同盟成立之初，雅典人主张各个城邦平等。然而没过多久，他们变得只考虑自身利益，用大家共建的同盟海军扩张自家的领土，甚至打算统治整个爱琴海地区。

提洛同盟的财产原本存放在提洛岛上，但雅典人在公元前454年把这笔财产转移到了自己的地盘上。他们告诉其他城邦，这么做是为了防止财产被波斯人偷窃。但在反对者看来，雅典这是在私吞各城邦共有的财产。

在抵抗波斯人的时候，希腊各城邦有钱出钱，有兵出兵。希波战争结束后，雅典人坚持提洛同盟只接收钱，不再接收士兵和武器。既然不打仗了，雅典人把大家的钱花在哪里了呢？他们用这些钱财修建了雅典卫城的帕提侬神庙和各种防御建筑。不仅如此，雅典人还对埃及发动过一场失败的战役，花费不小，却没有回报。

各城邦都明白了，雅典人这是打算把提洛同盟占为己有，以共有的军队和财产建立一个"雅典帝国"。

大家都感到不满，可又能怎么办呢？

这时候，希腊原先的领袖斯巴达人站了出来，他们决定成为各城邦的解放者，给雅典人一点儿颜色瞧瞧。斯巴达人召集了对雅典人不满的城邦，以伯罗奔尼撒同盟的名义对抗提洛同盟。

这种紧张和冲突导致了一场极具毁灭性的战争——伯罗奔尼撒战争。两支盟军的对抗从公元前431年，一直持续到公元前404年（其中公元前421—前415年一度休战）。

在这场战争中，两支盟军在军事和经济上各有优势和劣势。

雅典重视商业，比较富有，拥有强大的海军。但是雅典的农业相对薄弱，需要向其他地区购买粮食等重要物资。一旦海上贸易路线被破坏，雅典人的生活就会出现危机。

斯巴达跟雅典正好相反，它在经济发展上以农业为主，称不上富裕。但斯巴达陆军作战能力很强，海上作战没有优势。

公元前404年，斯巴达率领的伯罗奔尼撒同盟获胜，以雅典为首的提洛同盟被迫解散，投靠斯巴达的僭主成了当地的管理者。

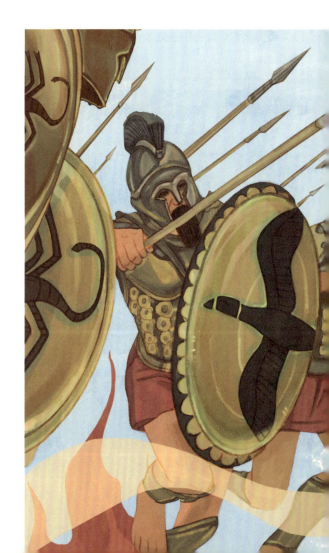

随后，波斯军队再次入侵，斯巴达人率兵对抗，他们不再顾及雅典。希腊内部两派盟军的斗争完全是"鹬蚌（yùbàng）相争，渔人得利"（比喻双方争执不下，两败俱伤，让第三方占了便宜）。双方打仗，最终获利的是波斯人。尽管波斯最终没有吞并希腊，但希腊的各个城邦也没能再团结起来。

几十年后，希腊北部的马其顿发展壮大，国王腓力二世发动战争，征服了除斯巴达以外的希腊所有城邦。

▼两派盟军对战

希腊城邦的政治体制

雅典人原本有机会获胜，但最终还是失败了。其实，雅典人的失败跟他们的政治体制有很大关系。

▲ 雅典公民

政治体制是什么意思呢？简单地说，政治体制决定了谁掌握着管理国家的权力，以及掌权者的人员结构是什么样的。

一个国家有众多的人口，一项决策通常关乎许多人的生活。国王一个人管理国家比较好，还是一大群公民管理国家比较好？这可是个大问题。

多数古代国家的事务由国王说了算，这就是君主制。包括雅典在内，希腊的各个城邦原本采用的都是君主制。自公元前 7 世纪开始，各个城邦纷纷转变，逐渐发展出形形色色的城邦政治体制。

雅典人先是建立了一种贵族政治——所有贵族共同掌握权力。后来，一批拥有田地和农具的普通公民富裕起来，他们也有了参与政治的机会。于是，贵族政治最终转变成了民主政治。

雅典：民主政治——多数人说了算

很多人都来给治理国家献计献策，这应该是一件好事，为什么雅典的民主政治会导致战争失败呢？

这是因为，当时的民主政治尽管先进，但并不成熟，有明显的缺陷。

第一，民主政治并不能全面解决问题。

把很多人集中在一起做决定，意味着要花很长时间。战争形势的变化往往发生得很突然，也许刚刚赢得了胜利，又迅速陷入绝境。假如军队必须等待一大群人为作战计划做决定，就很有可能错失作战时机，最终打败仗。

为了解决突发问题，雅典推举出了一个拥有独断权力的领导者。但是，这个领导者通常只看重自己的利益。他要么凡事都听公民的，不管是否会损害整个国家的利益；要么跟公民产生矛盾，使国家事务得不到处理。

第二，公民的能力有限。

那时候，大多数人没有识字的机会，人们缺乏教育素养。雅典公民对管理国家没有理智的认识，无法做出合理的决策，难免导致国家陷入混乱。城邦内群龙无首，他们甚至惩处了几位重要的将军，让雅典失去了战争中的优势地位。

雅典人是怎么通过这种体制管理国家的呢？

▼雅典公民大会

雅典人每隔 10 天开一次公民大会，整个城邦所有 20 岁以上的男性公民都能够参与会议。人们对国家事务提出意见，还要根据不同的观点来一场辩论。辩论后，大家给辩论双方投票，谁获得的票数多，就按谁说的做。

通过公民大会，人们票选出处理事务的办法。接下来，谁负责按照这个办法去处理具体事务呢？这就要靠另一种大会了。

雅典有 10 个行政区，每个行政区通过抽签的方式选出 30 岁以上的男性公民 50 人，共同组成 500 人议事会。500 人议事会的成员又分成 10 组，每组 50 人，轮流按照公民大会的决策去处理国家事务。

为了保证一切事项都能得到解决，雅典人还成立了 10 个法庭。法庭中的陪审员负责审判事件，他们来自 10 个行政区，总共 6000 人。为了保证公平和公正，雅典人每年都要重新选择一批陪审员。

雅典的民主政治建构全面，公民们制定规则、执行事务及法律审判的程序也相当完备，为后人提供了一种新的治国方式。但由于公民们在处理问题时不够成熟，所以结果不一定合理。换句话说，民主政治好比质地精良的先进工具，但雅典人还没有学会使用它，因此难免会使自己受伤。问题不在于工具，而在于人们使用工具的方式。

另外，雅典人的民主政治有一个明显的局限。民主的"民"并不是全体人民，而是 20 岁以上的男性公民。所以，女性、儿童、奴隶和外邦人都被排除在民主的殿堂之外。

斯巴达：寡头政治——少数人说了算

除了雅典，希腊其他城邦各有各的传统，所以采用了各不相同的政治体制。

斯巴达实行了寡头政治。寡是少的意思，寡头指的是少数掌权者。在斯巴达，掌握大权的是长老院的 30 位长老会议员（由 28 位 60 岁以上的长者和 2 位国王[①]构成），以及监察院的 5 位监察官。相对于大多数普通百姓，掌权者数量并不多，所以他

注 ①：斯巴达有 2 位国王，属于 2 个不同的家族，并且是世袭的。

们被称作寡头。

斯巴达的长老会议员主要监督行政工作，为公民大会准备提案，而且还是最高民事审判法庭成员。监察官从全体公民中选举产生，拥有主持公民大会、审判国王等重要权力。相比较而言，长老院的权力没有监察院的权力大。斯巴达的国王是长老会议员，他们并不像古埃及或波斯帝国的国王那样拥有至高无上的王权。

值得注意的是，斯巴达的普通百姓也成立了国民大会，但国民大会没有雅典公民大会那样的权力。

无论是雅典人还是斯巴达人，他们都在政治体制方面进行了很多尝试，为后人提供了人民集体管理国家的宝贵经验。希腊人改变政治体制之后，平民有了参与政治的权利，社会也变得更加平等。

反过来说，雅典民众在参与政治之后，也被激发出自由的精神和无穷的创造力。他们促进了文化的发展，使得希腊文明的发展达到了前所未有的高度。

▼斯巴达长老会议员

希腊文明中的哲学与科学

无论是在美索不达米亚，还是在古埃及，人们都发现了有关数学和自然科学的规律。为了建造房屋，各个地区的人们不约而同地认识到了勾股数的存在；为了提高工作效率，各个地区的人们也都发现了一些简单的机械原理。

不过，人们大多只是凭经验发现了种种现象，并没有系统地归纳知识，也不曾深入地思考现象背后的原因。比如，美索不达米亚的苏美尔人发明了轮子，但他们只是利用轮子解决运输物品的问题，并没有思考轮子为什么能让人们更省力，以及轮子又能被利用在其他的哪些方面。

希腊人则不同。通过海上贸易，他们从新巴比伦人那里学到了先进文化，并且不满足于现状，对现象提出疑问。希腊出现了一大批哲学家、科学家和数学家，他们不断探寻现象背后的原理，并且著书立说，为后人提供了许多学习上的便利。

希腊人为什么这么擅长思考呢？人们对这个问题有着不同的猜测。

有人认为希腊百姓中做生意的人多，耕种田地的人少，大家不像那时的农民们那样只考虑付出体力劳动，而是需要动脑计算商品价格，思考并制定贸易路线。所以，希腊人养成了思考的习惯。

有人认为希腊人生活在海边，这里的气候条件好，有助于人们思考有关大自然的种种规律。

还有人认为希腊人拥有知足而平静的美德，他们不注重吃喝穿戴，而是注重思想境界的提升。

无论出于什么原因，希腊人的确显现出独一无二的特征——他们更喜欢探索科学。

▲ 提洛同盟时期的硬币

泰勒斯和哲学

希腊最早探索科学的人据说是泰勒斯（约公元前624—约前547年）。在泰勒斯生活的时代，世界上其他地区的百姓往往在用神话传说解释自然现象。但泰勒斯不愿凭感觉去认识世界，而是希望通过科学推理来解决问题。

泰勒斯提出的最著名的问题是"万物的本原是什么"，他认为万物的本原是水——因为大陆漂浮在水中，地震是海浪推动大陆引起的。

▲ 泰勒斯

那个时代的人类在科学殿堂面前，就像是缺乏知识的孩子，而推开科学殿堂大门的人，正是泰勒斯。在今天看来，他的答案是错误的，但他提出的问题以及科学的思考方式，充满了智慧。所以，有些学者将其称作"科学之父"和"哲学之父"。

哲学是什么样的学问呢？

在希腊古典时代，哲学泛指各种知识和智慧。希腊语中，哲学家的意思是"爱智慧"或者"智慧的朋友"。现在，我们通常认为哲学是理论化、系统化的世界观和方法论，是关于自然界、社会和人类思维及其发展的最一般规律的学问。

为什么有人说泰勒斯是"哲学之父"呢？

万物的本原就是有关世界的基本问题。在泰勒斯之前，人们从来没有对世界产生科学而系统的思考并给出答案。所以，有学者认为泰勒斯是世界上第一个研究哲学的人。在泰勒斯之后，希腊人不断对万物的本原进行思考，不同的学者有不同的看法。

毕达哥拉斯和数学

毕达哥拉斯（约公元前580至前570—约前500年）是希腊古典时代最著名的科学家和数学家之一，他年轻时四处游学，中年时广收门徒，人生阅历和学术成就都相当丰富。

毕达哥拉斯出生于希腊的萨摩斯岛。在他生活的年代，萨摩斯岛的经济和文化都领先于希腊本土其他城邦，诗歌和音乐也在城市中逐渐兴起。传说毕达哥拉斯家境富裕，他先是学习作诗和音乐，之后又被父亲送到西亚地区留学。

经过一段时间的学习，毕达哥拉斯跟随父亲外出做生意，见识了更多的文明成果。他还去往米利都等地，拜访了泰勒斯等人。

毕达哥拉斯非常认同西亚人的文明，在返乡后依然穿着西亚式服装，留着西亚式发型，试图向自己的家乡人宣传先进学说。相传因反对奴隶主民主派的僭主政治，他被迫离开家乡，像孔子一样周游列国。

毕达哥拉斯先是来到腓尼基人在地中海地区修建的城市，学习当地的文化，思考自己接下来要做的事。之后，他来到埃及的神庙（埃及人的神庙不只是祭祀场所，同时也是学校），学习象形文字，以及埃及的历史和宗教。在学习的同时，他也向当地人宣传希腊哲学。生活在埃及的希腊人非常认可毕达哥拉斯，有些人成了他的跟随者，向他学习知识。

公元前529年，毕达哥拉斯定居于希腊殖民城邦克罗顿（今属意大利）。他定居后广收门徒，教授科学、文学、宗教和音乐等。希腊原本不允

▲ 毕达哥拉斯

许妇女聆听公开演讲，但是毕达哥拉斯打破了这个成规。所以，他的学生有男有女，包括社会各个阶层的人士。

在同一时期的不同地区，释迦牟尼创立了佛教，琐罗亚斯德（又名查拉图斯特拉）创立了琐罗亚斯德教，而毕达哥拉斯似乎也产生了关于宗教的想法。他把科学和宗教融合，认为万物的本原是数，世界上的一切都包含数，而天神就是通过数来统治宇宙的。

毕达哥拉斯和他的学生们建立了一个神秘的团体，团体成员崇拜神圣的数学，且不外传学说。毕达哥拉斯这样做的结果并不好，他的很多研究成果都没有被保留下来，后人很难在他的学说的基础上开展进一步研究。

毕达哥拉斯一生都在探索自然的规律，他对数学、科学和哲学的贡献主要表现在三个方面。

▼毕达哥拉斯和他的学生们

21

勾股定理——我们该怎样解决数学问题

在毕达哥拉斯之前，古埃及、古印度、古代中国和美索不达米亚的人们都在生活中发现了有关勾股定理的现象，甚至列举出三万多组符合勾股定理的勾股数。人们通常会在盖房子的时候用到勾股数，从而保证建筑物既方正又结实。

在毕达哥拉斯看来，与其靠测量的方式列举上万组数字，不如找到测量结果与数字之间的关系。通过分析美索不达米亚人的数学成果，他把零散的认识总结成了真正的数学知识。毕达哥拉斯提出了勾股定理，也就是用数学公式来表达勾股数蕴含的固定关系。这么一来，人们不用再通过查阅浩瀚的勾股数列表来确定数字，而是能够用一个公式解决成千上万的勾股问题。

真的能用一个公式确定多种勾股数吗？为了确保公式准确无误，毕达哥拉斯又通过一步步推理的方式证明了它。

毕达哥拉斯对数学的最大贡献正在于此，他把相似的种种现象总结为定理，并且用推理的方式反过来证明定理，形成了数学中最重要的思考方式，也就是演绎法。在毕达哥拉斯之前，从来没有人用演绎法解决问题；在毕达哥拉斯之后，人们把演绎法运用到了数学这门学科的方方面面。

在西方，人们通常把勾股定理称为毕达哥拉斯定理，用以纪念毕达哥拉斯在数学方面的功劳。不过遗憾的是，由于毕达哥拉斯禁止学说外传，所以我们无法找到他证明勾股定理的完整过程。现在，人们已知最早证明勾股定理的数学家是欧几里得，他的证明比毕达哥拉斯的证明要晚一百多年。

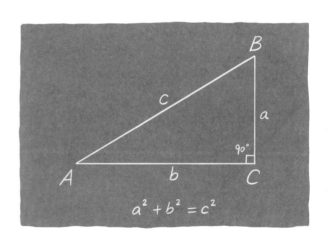

▲ 勾股定理

可感知的，可理喻的——学问的划分

毕达哥拉斯把有关世界规律的学问分为"可感知的"和"可理喻的"。"可感知的"意思是能够通过科学实验得出结果，"可理喻的"意思是能够通过推理思考得出结论。

这是什么意思呢？

在毕达哥拉斯生活的时代，人们还没有把各类学问分成不同的学科。如果用今天的学科划分来解释，他的意思大概是这样的：

人们可以通过科学实验去了解物理学、生物学或天文学等学科的主要知识。比如，我们在物理学中研究电如何点亮灯泡，在生物学中通过显微镜去观察植物和动物的细胞，在天文学中通过天文望远镜去观察天体的运行轨迹——这些学问都是"可感知的"，又被称作"自然科学"。我们在研究这些学科时也会用到数学知识，不过，数学只是研究这些学科的工具，而不是研究的内容。

不同于自然科学，我们无法在数学和一部分物理学中观察到现象，而只能通过思考来理解它。比如，乘法口诀是一种定律，我们无法在日常生活中观察到它，而只能用思考的方式去理解它。所以，数学和一部分物理学属于"可理喻的"学科。

通过确立"可感知的"和"可理喻的"两种学问，毕达哥拉斯把研究科学的方法和研究数学的方法区分开来。

为科学而科学——给思考更自由的翅膀

在古埃及和美索不达米亚，人们接触科学是为了解决建造房屋之类的现实问题，并没有认识到科学可以脱离现实问题存在。

毕达哥拉斯提出，学者可以就科学问题本身进行思考，并通过研究不同的定理和公式去探索科学。他的观点影响了众多希腊哲学家、科学家和数学家。就像给思考加上了自由的翅膀，大家开始研究现实生活以外的科学问题，不断地拓宽人类的知识范围。

在毕达哥拉斯去世几十年后，古希腊另一位数学家恩诺皮德斯把"定理"和"问题"区分开来，比如，勾股定理是一种"定理"，而通过测量列举勾股数则是解决一个"问题"。许许多多的"定理"结合在一起，就是一门学科的"理论"（即通过实践得出的系统结论）。显然，与"问题"相比，"定理"有着更重要的意义。古希腊的学者们达成共识，不再无穷无尽地列举"问题"，而是致力于发现和证明"定理"。

"为科学而科学"的态度使科学前进的步伐大大加快，促进了经济和社会生活的发展。

小知识

数学之美：黄金分割

数学是毕达哥拉斯看待世界的工具。通过研究数字与图形的关系，毕达哥拉斯认为，符合黄金分割的图形最能体现美的感觉。

黄金分割，指的是把物体划分为两个部分，如果较大的部分跟整体的比值约等于0.618，那么较小部分跟较大部分的比值也约等于0.618。

这是什么意思？又该怎么应用呢？

比方说，如果一个长方形的宽和长相比，比值约为0.618，那么这个长方形看起来最美；如果一个人从头顶到肚脐的距离，跟从肚脐到脚底的距离相比，比值约为0.618，那么这个人的身材比例就堪称完美。

在毕达哥拉斯提出黄金分割之后，人们把这条法则运用到了建筑和雕塑等领域。经过实践检验，人们发现这条法则能够帮助大家创作出更具美感的作品。

万物本原

万物的本原究竟是什么?

泰勒斯提出万物的本原是水,毕达哥拉斯则认为万物的本原是数。和他们同一时代的希腊人也在探寻万物的本原,且见解各有不同:阿那克西曼德认为是无规定者,阿那克西米尼认为是气,赫拉克利特认为是火,色诺芬尼认为是土和水,恩培多克勒认为是火、气、水和土,德谟克里特认为是原子……

人类对世界的认知从孩童时期般的希腊古典时代而来,一步步走到了今天的科技水准。虽然古希腊学者提出的看法有失科学真实,但他们的学说依然有能够自圆其说的理论体系。

前文提到,毕达哥拉斯认为万物的本原是数,这奠定了数学研究的基础。其他学者也类似,正是因为他们对万物本原有不同看法,才发展出了天文学和物理学等学科。

不过,当时的学者没有把学科划分得很明确,所以不是用天文学或物理学来指代他们所研究的学问,而是用哲学泛指一切知识和智慧。由于他们都很关注人和自然的关系,所以被称作自然哲学家。

▼万物本原的猜想

火　　　　气　　　　水

土

欧多克索斯和天文学

在柏拉图之前，希腊没有大家都赞同的宇宙学和天文学理论。柏拉图认为行星应该按照一种方式（圆形）运动，而观测结果却表明它们在按照另一种方式（椭圆形）运动。

欧多克索斯（约公元前 400—约前 350 年）是柏拉图的学生，他继续推动天文学发展，得出了两项重要的认识。

第一，欧多克索斯可能已经发明了计算日地和月地距离的方法。

第二，他建立了一个由 27 个嵌套（同心）的天球组成的天体模型，提出每一个天球都围绕着位于中心的地球做不同的旋转，且转动方向和速度各不相同。

在柏拉图和欧多克索斯生活的时代，希腊人已经对星体和地球的距离有了正确的认识。正因为有了这些天文学知识的基础，才有了后来的"地心说"。

▼天圆地方示意图

天圆地方？ 天圆地圆？

由于没有汽车或飞机这样的先进交通工具，古代的交通速度十分有限，普通人在一生中很少能到远方去。人们看到大地是平坦的，于是认为世界是摊开的平面。所以，大家不会用"地球"来描述世界，而是产生了"天圆地方"等猜想。是谁最早发现世界是个球体呢？

公元前6世纪，毕达哥拉斯首先提出了"地球"的看法，他认为我们生活在一个巨大的球体上。不过，他并没有留下关于地球是球体的科学证明。

后来，亚里士多德用了一些事实来解释地球是球体，其中包括这样一则认识：如果我们朝北极星的方向一直走，只要走的时间足够长，身后的一些星星会渐渐消失在地平线上，前方又会慢慢升起一些星星，这证明地面并不平整。

公元前3世纪，科学家埃拉托色尼通过一系列计算，基本确定了地球是球体，也就是"地圆说"。

公元2世纪，托勒密进一步用数学证明了地球是球体。

不过直到15世纪，世界上仍然没有人能环游世界。所以，人们先是对"地球"有了认识，然后用这项认识，指导了无数航海探险活动。这正是前文所说的研究科学理论的好处——人们通过推理得出定理，再用定理去解决现实问题。

16世纪，人们的航海能力大幅提升。在"地圆说"的指导下，葡萄牙人麦哲伦带领船队开展了人类历史上第一次环球旅行，用事实证明了先哲的认知无比正确——地球的确是一个球体。

"地圆说"促生了环球旅行，而环球旅行也正是人类认识世界并彼此交流的必要条件。

苏格拉底和伦理学

在东方，人们尊崇孔子的道德观念，称他为"孔圣人"。在西方，人们同样敬仰一位圣人，他就是为捍卫真理而死去的苏格拉底。

苏格拉底（公元前469—前399年）出生于伯里克利时期的雅典，当时的雅典十分繁荣。但当他逐渐年迈时，雅典在伯罗奔尼撒战争中以战败收场，社会陷入混乱之中。

苏格拉底受社会环境影响，晚年最关注的不是自然哲学问题，而是人与人相处的道德准则问题，也就是哲学中的伦理学内容。他像孔子一样经历了乱世，也像孔子一样进行思索：拥有怎样品质的人能治理好国家？如何培养治国人才？

与儒家学派提出了"仁、义、礼、智、信"相似，苏格拉底也把人的品质当作最重要的研究对象。什么是正义？什么是勇敢？什么是诚实？什么是智慧？苏格拉底对这些问题进行了深入的探索。

苏格拉底最看重的是道德和智慧，他没有留下有关这两种品质的著作，但留下了很多名言。

▶ 苏格拉底

28

苏格拉底曾说过："我唯一知道的就是我的无知。"这句话是什么意思呢？

苏格拉底无疑相当有智慧，他之所以认为自己"无知"，是因为他同时具备了谦虚的道德品质。当然，谦虚本身也是一种智慧——假如一个人特别骄傲自满，他还怎么学习更多的知识呢？从这方面来说，苏格拉底认为自己"无知"，正如同孔子提出的"三人行，必有我师"。

在苏格拉底看来，道德和智慧从来不是毫不相关的两个方面，而是始终合二为一的。如果人们拥有智慧，真正懂得善是什么，那么就决不会选择作恶，也不会出现道德问题。所以，人们应该保持谦虚，追求智慧，提升自己的道德品质。

民主政治虽然有先进之处，但当时的雅典群众还不能很好地利用它。群众缺乏苏格拉底所说的智慧，因而有时缺失应有的理性和包容，把民主政治变成多数人实行残暴决策的工具。苏格拉底非常反对这种缺乏道德和智慧的体制，所以民主一派把他当作敌人，将他判处了死刑。

苏格拉底原本有机会逃出雅典，但他坚持了无比崇高的道德观念——他是雅典人，就要接受雅典的判决，绝不能叛逃。

柏拉图和哲学

柏拉图（公元前427—前347年）是苏格拉底的学生，28岁时，他因老师的死亡受到巨大的冲击，对雅典的政治体制彻底绝望，于是去往地中海沿岸游学。

柏拉图在40岁时回到雅典，创立了著名的柏拉图学园（西方文明史上最早的高等学府之一，持续开办了近9个世纪）。跟毕达哥拉斯创立的团体类似，这所学园也教授数学、天文学和音乐等多门课程。另外，柏拉图向苏格拉底学习了很多伦理学知识，所以经常和学生们讨论伦理学问题。

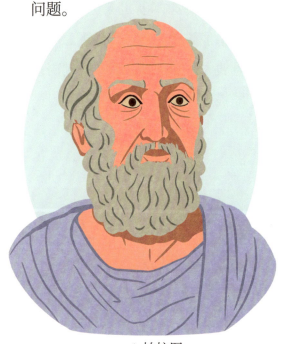

▲ 柏拉图

柏拉图认为，老师苏格拉底心中的真理，并不是多数人认为的真理，于是他写下了著作《理想国》。他在书中提到有关两个世界的看法，一个世界是看不见的、不变的、拥有真理的理想世界，另一个世界是我们所处的现实世界。现实世界是对理想世界的模仿，并不完美。假如人们想认识理想世界，就要对智慧有所追求。

柏拉图所说的理想世界可以理解为永恒而完美的"本质"，而现实世界则是多变而不完美的"现象"。也就是说，柏拉图和毕达哥拉斯有着类似的想法：毕达哥拉斯提倡通过观察现象来看清本质，确定定理；柏拉图认为本质是理想的，现象是不完美的。

柏拉图有关两个世界的学说启发了后来的哲学家，对一些宗教学说也产生了重大影响。直到今天，西方文化中依然有很多柏拉图思想的影子。

亚里士多德和科学

亚里士多德（公元前384—前322年）是柏拉图的学生。他说过一句名言"吾爱吾师，吾更爱真理"，意思是我爱我的老师，但我更爱真理。

柏拉图认为有两个世界，现实世界是对理想世界的模仿。

亚里士多德觉得老师的道理说不通，不是真理。他认为我们所处的现实世界就是唯一的世界，其中包含了柏拉图所说的理想世界。也就是说，"本质"不可能脱离"现象"单独存在，而"现象"之中蕴含了"本质"。

▲ 亚里士多德

我们"透过现象看本质"，而不是"模仿本质制造现象"。

亚里士多德拥有坚持真理、敢于质疑的精神，他不像前人那样对"万物本原"提出假想，而是对现实世界进行脚踏实地的研究，为人类的许多学科打下了基础。他是第一个像教授一样著书立说的人，他的论著是系统的，内容是分门别类的。他的主要著作有《形而上学》《物理学》《尼各马可伦理学》《政治学》《诗学》等。

亚里士多德所著的《物理学》，相当于我们现在所说的科学，其中不仅包括物理学知识，还包括天文学、地理学、地质学、气象学和生物学等学科知识。

《形而上学》中的内容就是我们今天所说的哲学，也就是研究"万物本原"等世界基本问题和普遍问题的学科。

…………

因此，亚里士多德被称作"百科全书式的学者"。亚里士多德为什么会拥有如此浩瀚广博的知识呢？其实，这跟他的个人经历有很大的关系。

亚里士多德是马其顿人，他18岁时来到雅典的柏拉图学园，学习了约20年。恩师柏拉图去世后，亚里士多德先是游学了一段时间，之后被马其顿国王请回故乡，给国王的儿子，也就是后来的亚历山大大帝当老师。

据说，亚历山大大帝受到了良好的教育，因而敬仰科学，尊重知识。他为老师亚里士多德提供了良好的研究学问的条件，并且在马其顿的军队发起征战时，请老师随军队一同前往欧洲、亚洲和非洲的多个地区。

这么一来，亚里士多德不仅"读万卷书"，还"行万里路"。他的兴趣十分广泛，对各地的科技、宗教和政治制度都有所了解，并且收集了很多动植物的标本。

▲亚里士多德与亚历山大大帝

希腊文明中的艺术

我们所说的艺术，通常包括音乐、舞蹈、绘画、雕塑、建筑、文学、戏剧和电影等众多形式。其中，除了电影发明于 19 世纪末，其余很多艺术形式在古代就发展得较为成熟了。

人们为什么会创造出艺术呢？早期人类在从事采集、狩猎和农业劳作时，受天气等自然条件的影响很大。于是，他们在劳动中形成了对自然的崇拜，产生了早期的宗教信仰。人们为歌颂天神，创造了音乐和舞蹈；在为天神建造庙宇、刻画天神的模样时，发展了绘画、雕塑和建筑。

文明出现后，人们把歌颂的话语记载为文字，形成了早期文学（早期文学作品以诗歌为主）；把诗歌、音乐和舞蹈结合在一起，创造了戏剧。

人类有时也通过艺术来表现自己的生活，不过，就古人的艺术作品来说，宗教信仰是最重要的主题。古希腊人也是如此，他们的艺术跟宗教信仰有着密不可分的关系。

▼太阳神

在希腊神话中，宙斯是至高无上的天神。但希腊宗教并不是信奉宙斯一位天神的一神教，而是信奉多个天神的多神教。希腊的众多天神更像是能力大于凡人的超人，而不是完美无缺的圣人。天神和人一样，他们的力量有限，在斗争中也会失败。他们受方方面面的约束，无法决定自己的命运。

▼酒神

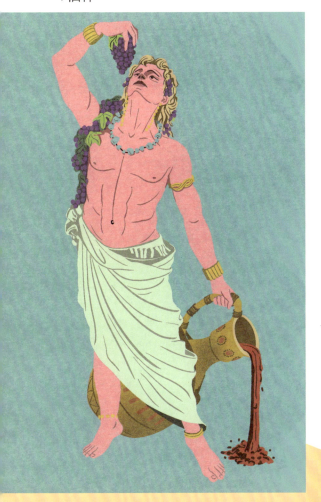

天神之中，太阳神阿波罗和酒神狄俄尼索斯是宙斯的儿子，他们扮演着非常重要的角色。阿波罗代表诗歌、光明和理智，狄俄尼索斯代表戏剧、狂喜和醉酒。他们的性格截然不同，但不是彼此对立的，而是互相补充的。

实际上，太阳神和酒神象征着每个人都有的两方面特征：我们有时能够理智地思考问题，有时又会为一些事情感性地大笑或落泪。

古希腊人会过各种各样的节日，酒神节是最重要的节日之一。酒神节到来的时候，人们会吟唱赞颂酒神的诗歌。庆典之后，大家还会在街头进行歌舞狂欢表演。酒神节的庆典活动中，有诗，有歌舞，还有表演，具备了戏剧的重要元素，也因此催生了戏剧这一艺术形式。

戏剧：悲剧与喜剧

古希腊人的戏剧有两种类型，即悲剧和喜剧。赞颂酒神的诗歌形成了悲剧，而庆典过后的狂欢形成了喜剧。

古希腊的悲剧并不是悲伤的戏剧，而是严肃的戏剧。由于这一类戏剧通常以悲惨的结局收尾，所以人们在翻译时把它称作悲剧。

同样地，古希腊的喜剧和我们现在所说的喜剧也有区别。古希腊的喜剧不是简单地娱乐大众，而是更注重其中的教育意义。它通过讽刺丑恶的人或不道德的事来引人发笑，从而让大家明白是非对错。

为什么古希腊人会写出那些结局悲惨的故事呢？

从宗教文化来讲，古希腊的宗教既不像佛教那样认为人有来世，也不像琐罗亚斯德教那样认为人的灵魂会受到末日审判。在古希腊人眼中，生命只有一次，人生非常短暂，人没有能力决定自己的处境，无法摆脱悲剧的命运。不过，古希腊人并不为悲剧的命运而沮丧，他们认为现实是无奈的，但人应该勇敢地接受，并且绽放出生命的精彩。

另外，在亚里士多德看来，悲剧有净化的作用。人们会因悲剧哭泣或愤怒，观看悲剧就像是给自己的情绪洗澡，有助于宣泄痛苦和不愉快，从而在生活中保持平和的心态。

谁是戏剧的观众

古希腊有很多充满智慧的哲学家，但更多的是没有接受过教育的普通民众。相比文字内容，戏剧更直接，更容易被理解，对观赏者的文化水平要求并不高。所以，普通民众占戏剧观众的大多数，大家通过戏剧了解宗教神话，提升文化和道德修养，明确自己的行为准则。

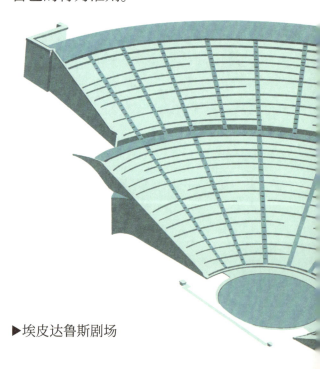

▶埃皮达鲁斯剧场

欣赏古希腊戏剧

今天，如果我们想欣赏古希腊戏剧，能找到的直接资料只有戏剧剧本。但在阅读文字的过程中一定要记得，古希腊人的戏剧和我们今天的戏剧一样，也包含了演员表演和舞台美术。演员不只会念出诗歌般的台词，还会唱歌跳舞。当然，他们还会用道具来表现环境和剧情，并且在服饰和妆容方面做修饰。

戏剧来源于赞颂诗歌，所以戏剧剧本中的台词朗朗上口。现在，人们还会使用希腊语演绎古希腊戏剧，如果你有机会观看这类戏剧，会感受到其中的台词像中国古诗一般，有着优美的节奏和韵律。

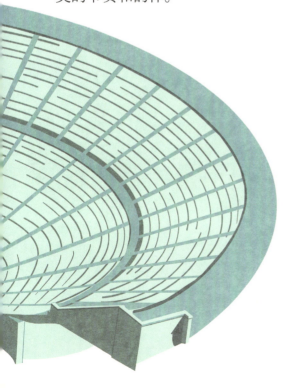

▲ 古希腊戏剧面具

雕塑和建筑

在雕塑这门艺术上，美索不达米亚人和埃及人是希腊人的老师。在公元前 8 世纪至公元前 6 世纪，古希腊的雕塑有明显的东方风格。这一时期，古希腊的人物雕塑大多是正面站立的样子，有着头盔般的发型，脸上带着神秘的微笑，左腿向前迈出一步，彰显出身体的美感。

伯里克利时期，古希腊的经济走向昌盛，艺术也逐渐繁荣。人们先建造了雅典卫城中的建筑，又在其中创作了许多美轮美奂的雕塑，这些作品代表了古希腊艺术的极高水平。

雕塑家菲狄亚斯（约公元前490—前430年）创作了奥林匹亚的《宙斯像》，以及帕提侬神庙中的《雅典娜·帕提侬像》。这些作品原作已不存在，仅有罗马时代的大理石复制品。

希腊人崇尚智慧，他们还总结了艺术中的规律，推动了艺术理论的发展。基于人体解剖学的发展，艺术家对人体的结构和比例有了深入研究，又把这些学习到的知识运用到雕塑和绘画作品中。

雕塑家波利克里托斯（活动时期约在公元前 5 世纪晚期）整理创作经验，提炼艺术理论，形成了著作《法式》一书。在书中，波利克里托斯详细讲述了人体比例问题，提出了头部和身长 1∶7 的比例原则。波利克里托斯最著名的雕塑作品是《荷矛者》（原作已失，仅存罗马时代的大理石复制品），被人们认为是比例最为标准的人体雕塑。

▼大理石雕塑《荷矛者》（复制品）

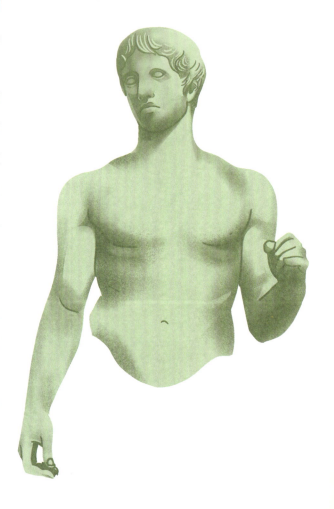

▲ 大理石雕塑《宙斯像》（复制品）

之后，希腊的建筑、雕塑和绘画在希腊化时代得到了进一步发展。什么是希腊化时代呢？

公元前4世纪晚期，亚历山大大帝征服了希腊等地区，把马其顿扩张为横跨欧、亚、非三个大洲的超级大国，也就是亚历山大帝国。公元前323年，他去世之后，亚历山大帝国瓦解为几个国家。这些国家都拥有希腊式的文明，统治者也都是希腊人，因此被称为希腊化国家，它们存在的时期也就被称为希腊化时代。

在希腊化时代，小亚细亚的帕加马（今属土耳其西部）成为希腊的艺术中心，希腊艺术和其他地区的艺术相互影响，形成了希腊化艺术。那时，艺术家不只为公共建筑进行创作，也渐渐为个人需要进行创作。建筑方面，人们建造了帕加马宙斯祭坛等公共建筑；雕塑方面，艺术家们创作了《米洛斯的阿芙洛狄忒》（又称《米洛斯的维纳斯》）和《萨莫色雷斯带翼的胜利女神》等著名作品。

▼《萨莫色雷斯带翼的胜利女神》

结　语

　　希腊文明走过黑暗时代，来到古典时代，最终去往希腊化时代。希腊人曾经团结一致对抗波斯帝国的侵略，却又在和平年代爆发了内部战争。

　　希腊人的才智举世闻名，他们开创了以民主政治为主的多种城邦政治体制。在科学和哲学方面，古希腊人才辈出，众多学者提出了纷繁的学说，引领人类文明大踏步前进。泰勒斯提出"万物的本原是水"，由此开创了哲学；毕达哥拉斯认为"万物的本原是数"，推动了数学的发展；苏格拉底对哲学中的伦理学有所研究，他提倡道德和智慧，是西方人眼中的圣人；柏拉图写下《理想国》，提出"理想世界"的存在，启发了后来的哲学家；亚里士多德不同意老师柏拉图的看法，对现实世界的种种学问展开了脚踏实地的研究，对物理学、天文学、战略学、经济学和文学等多种学科体系的形成做出了贡献。

　　艺术方面，希腊人将诗歌、音乐和舞蹈结合在一起，创造了戏剧。戏剧分为悲剧和喜剧，三大悲剧作家的作品至今仍然是剧作家学习的典范。希腊人向美索不达米亚人和埃及人学习雕塑，后来"青出于蓝而胜于蓝"，不仅留下了举世闻名的雕塑作品，而且为后人提供了可参考的艺术理论。

　　在人类文明史中，希腊古典时代有着极其璀璨的篇章。无论是政治体制，还是科学、哲学与艺术，希腊人都彰显出巨大的创造力。他们不仅留下了知识和作品，而且智慧地提出了种种理论，形成了学科体系。

　　可以说，希腊古典时代的学者就像是"巨人"，让后来的学者得以"站在巨人的肩膀上"探路，引领人类文明不断前进。

第二章

希腊化时代

马其顿的崛起

伯罗奔尼撒战争结束后，希腊各城邦陷入一片混乱之中，没有再团结起来扩张疆土。到了公元前4世纪，希腊发生了很大的变化。希腊北部的马其顿迅速崛起，该城邦用十几年时间统一了除斯巴达以外的希腊各城邦，之后一路向东发动战争，征服了波斯帝国的领地。

波斯帝国幅员辽阔，而马其顿只是面积不大的城邦，马其顿军队为什么能打败波斯军队呢？

▲ 橄榄油

▲ 木材

努力的"后进生"

希腊的文明发源于海洋周边，沿海城邦的经济和文化发展程度要领先于内陆城邦。马其顿位于希腊北部边疆，经济方面主要以农业和畜牧业为主，文明发展的优势有限。如果把希腊各个城邦比作同一个班级里的各个同学，那么相对于雅典这样的优等生，马其顿算是一名落后生。确切地说，马其顿是一名志向远大、暗自努力的后进生。

公元前4世纪初，马其顿国王的权力比较有限，各个部落主要接受部落首领的管理。当时，马其顿受沿海城邦影响，逐渐有所转变。经济上，马其顿不仅发展农业，还积极同其他城邦开展贸易往来，贸易商品包括谷物、木材、橄榄油、葡萄酒和手工制品等。

▲ 葡萄酒

腓力二世：统一希腊，准备征战

公元前 359 年，国王腓力二世（公元前 382—前 336 年）登上王位，开始了对内和对外的一系列变革，为国家壮大打下了基础。

对国家内部，腓力二世改变了政治结构，使得马其顿从部落联盟转变为集权王国，从此各个部落不再接受首领的管理，而是统一听从国王的命令。

对国家外部，腓力二世建立了一支常备军，步兵团由小土地所有者组成，骑兵团由大地产贵族组成。腓力二世很重视战略战术，加强了对士兵的军事操练。

自公元前 350 年起，腓力二世率兵发起征服战，吞并了希腊北部城邦及周边地区。公元前 338 年，腓力二世征服了除斯巴达以外希腊的所有城邦。

腓力二世并不满足于自己的成就，还打算继续扩张疆土。所以，他没有急于实行国王独揽大权的中央集权统治，而是让各城邦的统治者维持对本地区的管理，避免希腊内部发生叛乱。在此基础上，腓力二世建立了科林斯同盟，把各个地区的军事力量集中起来，做好了对外发动战争的准备。

但是，腓力二世没能如愿。他于公元前 336 年被人杀害，把征服世界的任务交给了自己的儿子亚历山大。

▼马其顿国王腓力二世

亚历山大：不断东征，建立帝国

在腓力二世的教育和影响下，亚历山大（公元前 356—前 323 年）从小接受了军事化训练。在老师亚里士多德的指导下，亚历山大还积累了大量的学识。

亚历山大 20 岁继承王位，成为科林斯同盟的希腊远征军司令。远征军，就是远道出征的军队。亚历山大还特地组建了一支泛希腊联军，为对战波斯帝国做准备。

▲亚历山大大帝

公元前 334 年，亚历山大率军队向东行进，对波斯帝国统治下的小亚细亚发起进攻（隔着爱琴海，希腊和小亚细亚一西一东），从此开始了长达 10 年的亚历山大远征。

经过一系列战役，亚历山大推翻了波斯国王大流士三世的统治，把自己征服的全部疆土命名为亚历山大帝国（亚历山大帝国和马其顿王国这两个称谓同时存在，亚历山大帝国也就是亚历山大时期的马其顿王国）。像腓力二世一样，亚历山大并没有满足于自己的成就，而是继续率领军队一路向东，建立了一个空前庞大的帝国。

亚历山大既是国王，也是军队中的将军，他是历史上最伟大的将军之一。

战争意味着会有很多士兵在战场上伤亡，所以，亚历山大的征战既是成功的，也是残忍的。在征战过程中，希腊士兵也遇到了水土不服以及传染病的问题，最终大家对四处杀敌感到厌倦，集体返回老家，给亚历山大东征画上了句号。

战争带来的文明交流

希腊军队征服了多个国家和地区，打通了一条连接东西的贸易道路，使得各地文明有了彼此交流的机会。

古人没有发达的通信技术，对远方地区的了解非常有限。据说，亚历山大在东征以前，误以为希腊是唯一拥有文明的地方，甚至他的老师亚里士多德也是这么想的。在向东进军的过程中，他们逐渐发现波斯也有灿烂的文明，波斯人也具备相当高的智慧。尽管波斯军队输了战争，但波斯人同样值得被尊重。

▼亚历山大和波斯王后

亚历山大的思想发生转变之后，逐渐跟被征服地区的上层人士联合起来，他还会任用波斯人当将军。为了得到各地百姓的认可，缓和彼此的矛盾，亚历山大没有让大家统一宗教信仰或文字，而是保留了多种文化传统。他在波斯入乡随俗，穿着当地的服装，并且鼓励马其顿人和波斯人通婚，让帝国中的各民族融合在一起。

亚历山大邀请老师亚里士多德及其他学者一起随军队出行，大家一方面学习东方文化，另一方面也把希腊文化传播到东方。

当时，希腊学者向美索不达米亚、波斯和埃及的学者学习了数学和天文学，把各地风土人情、地理信息和植物特点等记录下来。他们带着丰富的文明成果回到希腊，推动了希腊博物学和地理学等学科的发展。

与此同时，希腊人在各地建造宫殿，把先进的艺术、哲学和科学成就传播开来。直到 15 世纪中期，希腊文化依然对西亚、北非和印度北部等地区有所影响。

亚历山大帝国的终结

亚历山大帝国时期，国土面积相当辽阔。亚历山大原本打算把首都建在巴比伦，之后继续发动战争，征服位于埃及和伊朗高原之间的阿拉伯半岛。不过，他在33岁时突然去世，没有留下继承王位的合适人选。亚历山大的亲人和部将彼此斗争，亚历山大帝国最终被瓜分为几个国家。

安提柯、托勒密、塞琉古是亚历山大的三位部将，他们建立了三个最主要的国家，分别是位于马其顿和希腊本土的安提柯王朝，位于埃及的托勒密王国，位于波斯和美索不达米亚的塞琉古王国。这些国家就是我们前面提到的希腊化国家。

希腊化国家同属于一个社会整体，各地区之间的贸易往来、文化传播频繁且方便。从希腊化国家建成到公元前1世纪的几百年中，多地文明都受到希腊文明的影响，这一时期就是希腊化时代。

延伸阅读

亚历山大城

据说，亚历山大希望在尼罗河河口地带建设一座城市。当时，亚历山大手头没有书写工具，于是在地上用谷物摆出了对城市的种种设计。亚历山大身边的占卜人员目睹了这一幕，认为这座城市将来会像谷物生长一样蓬勃发展。还有人认为这座城市会成为埃及重要的粮食

▼亚历山大城

港口。后来，人们把这座城市建造了出来，并命名为亚历山大城。

尽管这种说法没有什么科学依据，但亚历山大城在建好之后的确蓬勃发展，成为希腊化国家的经济和文化中心。当时，埃及是地中海一带的粮食仓库，亚历山大城是重要的港口。货运最繁忙的时候，亚历山大城的港口中有1200艘船进进出出，这些船将粮食等货物运往地中海沿岸各地。

跟希腊本土那些民族单一的城邦有所不同，亚历山大城是最早的国际化大都市之一，也被称作"超级城市"。古埃及人、古希腊人、腓尼基人、犹太人、巴比伦人和古代阿拉伯人共同生活在这里，多种文化并存。

亚历山大城博物馆

大约公元前280年，人们在亚历山大城建设了著名的亚历山大城博物馆。亚历山大城博物馆和现代博物馆不同，实际上相当于我们现在的大学和科学院。

亚历山大城博物馆由多个学院组成，每个学院都有一名首席教授负责管理工作。首席教授的职责主要有两项：一是聘用多名学者开展研究工作，二是接待各地前来学习的学生。

亚历山大城博物馆是一整套建筑物和花园的组合，有装饰富丽的讲演厅和宴会厅，各厅之间由柱廊相连。亚历山大城博物馆的开销和学者们的薪水都由王室承担。

亚历山大城图书馆从属于亚历山大城博物馆，是当时世界上藏书最多的图书馆。亚历山大城图书馆中的书籍多达50多万卷，馆内有学者抄录、整理、注释以前的著作，其中最重要的成果之一就是《伊利亚特》的重新汇编。

亚历山大城博物馆曾存在了几个世纪，后来毁于3世纪末叶的战争中。

▼亚历山大城图书馆

希腊化对印度的影响：犍陀罗艺术

希腊文明给印度文明带来了许多影响，两地文明的融合代表作是希腊化时代后的犍（jiān）陀罗艺术。

犍陀罗地区位于南亚次大陆的西北部，相当于现在的巴基斯坦北部以及毗连的阿富汗东部一带，曾经是印度十六大国之一，在地理位置上靠近美索不达米亚。犍陀罗地区先后被波斯帝国、亚历山大帝国所统治。到了孔雀王朝时期，月护王基本统一印度，收回了对犍陀罗地区的统治权。犍陀罗地区在几百年中多次更换统治者，几种文化都在这里留下了独特的色彩。

沙门思潮时期的佛教教徒只是把释迦牟尼奉为自己的教主，而不是把佛陀当作天神，所以从不塑造神像。不过，这样的信仰方式不利于佛教在民间传播。犍陀罗地区受希腊文明的影响最为显著，人们先是用希腊雕塑技法去雕刻佛陀塑像，后来把希腊的种种技艺运用到神庙建筑和绘画等多个方面，形成了犍陀罗艺术。换句话说，犍陀罗艺术是一种希腊化的印度佛教艺术。

犍陀罗地区的西方是美索不达米亚，东南方是印度其他地区，东北方是中国的西域地带。犍陀罗艺术随佛教传入中国，成就了山西省大同市的云冈石窟、河南省洛阳市的龙门石窟和甘肃省敦煌市的莫高窟等中西合璧的佛教艺术杰作。

▼犍陀罗佛像

希腊化时代的科学家

欧几里得

欧几里得（约公元前330—前275年）是希腊化时代的数学家，被人们尊称为"几何之父"。人们对欧几里得的生平了解有限，他可能先在柏拉图学园学习了一段时间，之后前往埃及的亚历山大城图书馆开展研究。在希腊语中，"欧几里得"是好名声的意思，所以欧几里得很有可能不是他本人的名字，而是人们对他的尊称。

欧几里得真正的成就不在于创立了多少条定理，而在于他建立了一个简约又严密的体系。欧几里得总结出关于几何图形的种种定理，又一一对这些定理进行证明，最终建立了一种公理化体系的几何学，并把相关知识记载在他的著作《几何原本》（13卷）中。

在《几何原本》中，最核心且最重要的设定只有5条，它们被称作"欧

▲欧几里得

几里得五大公设"。五大公设像是5件简单到不能再简单，却又不能互相取代的工具。正如通过运用几样简单的工具，人们可以制作出更多的工具那样，欧几里得通过5条最简单的设定，总结并证明了更多有关几何图形的定理。

除了五大公设，欧几里得还提出了5条定理，也就是"欧几里得五大公理"。五大公设通常被应用于证明其他定理，而五大公理则是5条极其重要的定理。

《几何原本》是世界上影响力最大的书籍之一，不但为数学和自然科学的发展奠定了基础，而且对西方人的思维方式影响深远。

阿基米德

亚里士多德建立起多个学科的研究系统，但没有把自然科学相关的定律从定性提升到定量的层次。因此，他总结出的有些定律其实是错误的。

定量的量，指的是数量。当人们希望让科学向着精确的方向迈进时，就不得不在其中加入更多有关数量的数学运算，完成从定性到定量的工作。

谁能为亚里士多德的定律加上数学运算，展开定量研究呢？

在众多促进科学进步的学者中，阿基米德（公元前287—前212年）是一位集大成者。阿基米德不但对多个学科进行了深入研究，而且做到了

▼阿基米德

融会贯通。他把数学引入物理学，让物理学从定性研究走向定量研究。

亚里士多德之所以能够进行"百科全书式"的研究，是因为他有跟随军队东征的经历。那么，阿基米德的生活环境和生活方式又是怎样的？他为什么能够在物理学方面有所成就呢？

阿基米德出生在西西里岛上一座名叫叙拉古的城市。西西里岛位于希腊的西部，岛上的居民多是希腊移民。在希腊古典时代，叙拉古和雅典有着同样发达的文明，人们在这里建造了阿波罗神庙，以及另一座供奉雅典娜的神庙。

在阿基米德生活的时代，希腊的文明中心已经从雅典和叙拉古转移到了埃及的亚历山大城。传说，像那个时代的其他学者一样，阿基米德也曾在埃及的亚历山大城博物馆进行过数学和物理方面的研究。

阿基米德的研究从生活中来，又到生活中去。他希望通过研究生活现象来探索科学，同时利用科学解决实际问题。

阿基米德与力学

　　相传，阿基米德在亚历山大城博物馆学习时，看到埃及农民灌溉田地很辛苦，于是利用物理学知识发明了阿基米德螺旋泵，方便大家取水灌溉。直到今天，埃及人依然在使用这种机器浇灌作物。

　　物理学究竟包括哪些方面的知识呢？概括地说，物理学主要包括力、热、声、光和电等方面的知识。正如车轮能让人们在运输石材时更省力一样，泵的作用是让人们在取水时更省力，所以，这两项发明创造都跟物理学中的力学有关。

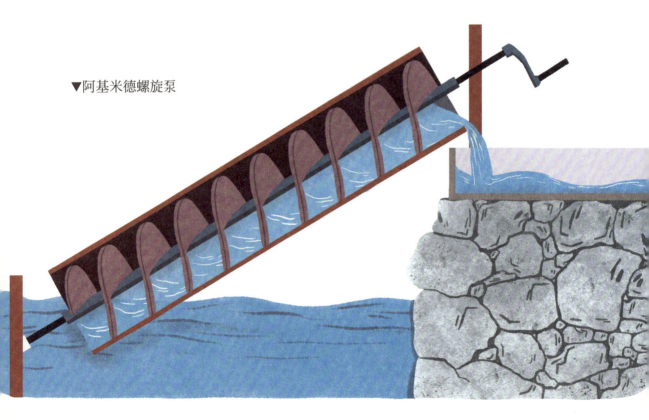

▼阿基米德螺旋泵

尤里卡，尤里卡！

流传下来的关于阿基米德的奇闻逸事有很多，其中最著名的故事也跟"力"有关。他利用水的浮力，判断出了黄金王冠的真假。

阿基米德在亚历山大城研究学问多年，之后返回家乡，成了叙拉古国王希伦二世最看重的学者之一。

一天，国王对阿基米德说："我找工匠打造了一顶黄金王冠，但是这个工匠不太老实，他很可能用白银换掉了黄金。你也知道，白银比黄金便宜，他要是这么做，岂不是在欺骗我吗？我怎么才能知道他有没有骗我呢？"

阿基米德左思右想，一时间找不到好办法。过了几天，阿基米德在家中一边泡澡，一边思考。他刚坐进浴盆，就发现水位线往上升了一截儿。阿基米德脑海中灵光闪现："我占据了浴盆里的空间，会把水挤上去一些。水上升了多少，我就占据了多少空间……"

阿基米德想出了一个好办法：首先，询问国王，制造王冠本该用多少黄金，再找一块同等质量的黄金；然后，在两个相同的盆里装同样多的水，

进行两次测量：跟王冠同等质量的黄金能挤上去多少水？王冠又能挤上去多少水？如果王冠和黄金挤上去的水不一样多，那就证明工匠偷偷换掉了黄金。

这是多么方便有效的方法啊！阿基米德沉浸在喜悦中，竟忘了自己正在洗澡。他光着身子跳出浴盆，拔腿就往王宫跑，一边跑还一边高喊："尤里卡！尤里卡！""尤里卡"的意思就是"有办法啦"。

国王见阿基米德光着身子来汇报，急忙派人给他披上衣服，按照他说的方式安排了一次测量。经过测量，阿基米德揭穿了工匠的诡计——王冠果真不是纯金的。国王解开了心头的疑惑，对阿基米德的智慧赞不绝口。

阿基米德对自己使用的方法加以总结和推理，得出了"浮力定律"。后来，阿基米德把数学引入浮力定律，提出了计算浮力的公式，并记载于自己的著作《论浮体》之中。从那以后，人们就能用浮力定律和浮力计算公式来解决更多类似的问题了。

其实，早在阿基米德提出有关浮力的知识以前，人们已经对水和物体的关系有所认识。比如，人们发现

船越大，能承载的货物就越多。人们也许一直在利用浮力解决现实问题，却从来没有深入思考过，如果能找出浮力的科学规律，就可以解决更多问题。

科学的意义正在于这一点：科学家从一些生活现象中提炼出普遍定律，让人们能够用这些定律或公式去解决无数问题。

阿基米德曾经说过一句关于力学的名言："给我一个支点和一根足够长的杆，我就能撬起整个地球。"

这句话是什么意思呢？

在解答这个问题之前，你可以回想一个你曾经玩过的游戏——跷跷板游戏。

跷跷板中间有一个支点，两边座位到支点的距离完全相等。假如你和一个比你重的人一起玩跷跷板，你大概会被高高翘起，很难下落。但是，假如有人能把支点挪动到对方面前，你就能轻而易举地撬起对方，顺利下落。换句话说，在跷跷板长度固定的情况下，支点离哪一方更近，哪一方就更容易被撬起来。

▼阿基米德在浴缸中思考

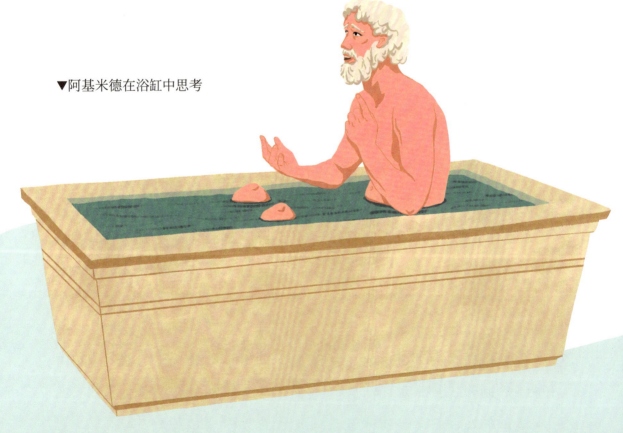

物理学中有很多简单的机械。带支点的长板被称作杠杆，而跷跷板正是一种典型的杠杆机械。

阿基米德说的"给我一个支点和一根足够长的杆，我就能撬起整个地球"既不是吹牛，也不是他真的打算去外太空做这件事。他这么说，是为了直白地告诉大家一个重要的信息：杠杆能够帮我们省下很多力气。

除了杠杆，生活中的简单机械还有螺钉、滑轮和齿轮等。我们常见的家具和电器通常利用螺钉来固定各个部件，电梯一类的升降工具经常会用到滑轮，汽车发动机和机械手表等物品中都有齿轮的身影。

简单机械并不是现代人发现的，早在文明发展之初，埃及和美索不达米亚的工匠就经常把它们用在生活中。不过，阿基米德是第一个系统研究简单机械的人，他提出的杠杆原理等理论是物理学的重要基石。

亚里士多德把物理学从哲学中分离出来，发展成一门独立的学科。在他的基础上，阿基米德把种种现象总结为通用的规律，并且引入数学定量。他们共同开拓了物理学的发展道路，方便后人推动文明继续前行。

▼给我一个支点和一根足够长的杆，我就能撬起整个地球

阿基米德与数学、天文学

阿基米德能够把数学引入物理学，与他极高的数学才能密不可分。阿基米德提出了计算椭圆形面积和球形面积的方法，计算结果还很精确。

除了物理学和数学，阿基米德对天文学的贡献也很大。他发明了一种太阳系模型，能够演示太阳、月球和行星的运动轨迹。遗憾的是，这件模型没能流传下来。

由于年代久远，阿基米德的学说也曾面临失传的风险。在阿基米德生活的年代，人们还没有发明轻便又便宜的纸张，更没有发明印刷技术，只能通过抄写的办法保留和传播学说，那些抄写而成的书本被称作手抄本。手抄本的制作代价高昂，数量有限，因此阿基米德的学说能保留至今并不是一件容易的事。

我们现在能够对阿基米德有相对充分的认识，其实应该归功于现代收藏家和科学家。曾经有人用羊皮纸完整地抄写了阿基米德的学说（公元3世纪以后，人们常使用两种纸张：一种是埃及人发明的纸莎草纸，一种是希腊人发明的羊皮纸）。但到了1229年，一个教徒擦掉了羊皮纸手抄本中的文字，又在上面写了很多宗教内容。

1998年，一位收藏家花重金买下了阿基米德学说的羊皮纸手抄本，将它交付给美国巴尔的摩市的沃尔特艺术博物馆。博物馆的科学家和工作人员创立了"阿基米德项目"，经过十几年的努力，他们终于完整地修复了羊皮纸手抄本，把阿基米德的学说公之于众。正因如此，我们现在对阿基米德的学说思想才有了较为具体的认知。

▼羊皮纸手抄本

阿基米德与战争

公元前264年到公元前146年，位于地中海一带的两个国家——古罗马和迦太基——之间爆发了三次战争。因罗马人将迦太基称作布匿，所以这三次战争又叫布匿战争。两国发动战争有一个最主要的目的，那就是争夺对富饶之地西西里岛的统治权。叙拉古恰好位于西西里岛，因此，阿基米德也被卷入了战争。

阿基米德一生中经历了两次布匿战争。第一次，西西里岛站在罗马一边，获得了胜利；第二次，阿基米德所在的叙拉古站在迦太基一边，跟罗马人对战。在后一场战争中，阿基米德让罗马人又爱又恨。

阿基米德没有经历过系统的军事训练，他能在战争中做什么呢？其实，阿基米德有一种无敌的武器，那就是科学。正如赫梯人靠着冶铁技术征服美索不达米亚那样，一个国家掌握了更先进的科学技术，在战争中赢得胜利的概率也就更大。从古至今，军事和科技的关系始终很密切。在战争年代，人们利用先进的科技对抗敌人，保卫国家；在和平年代，人们利用先进的科技加强防御建设。

传说，在布匿战争中，阿基米德发明了投石机和起重机等战争武器装备。这些装备让罗马军队吃了大亏，连他们的将军马塞拉斯都不得不承认，"这是罗马军队和阿基米德一个人之间的战争""阿基米德是神话中的百手巨人"。

投石机和起重机都利用了杠杆原理。投石机让叙拉古士兵轻松地搬起石头，砸向城外的罗马敌军；起重机则像是大型钓鱼竿，叙拉古士兵用它把敌军战舰吊到半空，再将其重重地摔入水中。不过，有些学者认为这些机器并不是由阿基米德最先发明的。

▲传说中阿基米德发明的起重机

据说阿基米德在战争中不只运用了力学知识，还用青铜镜能聚焦阳光的光学原理攻击敌人，烧毁了罗马军队的战舰。经过实地测验，人们认为用青铜镜聚焦阳光很难形成足够的高温，所以同样无法证实这件事是真是假。不过即便如此，我们也能从传闻里感受到阿基米德的智慧。

遗憾的是，阿基米德虽然能够运用科学保卫家园，他自己却倒在了敌人的脚下。

阿基米德之死

罗马将军马塞拉斯不是阿基米德的对手，他见士兵们在攻城时饱受折磨，干脆停止作战，改用围困的方式对付叙拉古。城市之中物资有限，阿基米德能依靠科学赢得战争胜利，但无法变出粮食供应百姓。公元前212年，罗马军队攻破城门，占领了叙拉古。

据说士兵进城时，阿基米德正在研究有关几何图形的问题。一个士兵在路过阿基米德身边时，踩坏了他画在地上的图形。

阿基米德对士兵说："请你让开，别踩坏我的图。"

士兵十分恼怒，拔剑杀死了阿基米德。

马塞拉斯将军在战争中损失不小，但打心眼儿里尊敬阿基米德。听闻阿基米德的死讯，他感到非常悲痛，不仅专门修建了一座坟墓埋葬阿基米德，还让人在墓碑上刻下一个特别的几何图形，向这位伟大的科学家致敬。

阿基米德之死让世人感到遗憾。士兵象征着武力，科学家象征着文明。士兵杀害科学家，意味着武力对文明的践踏和摧毁。

▼ 阿基米德之死

▲喜帕恰斯观察宇宙

喜帕恰斯

在希腊化时代，数学也是天文学家进行科学探索的重要工具。

喜帕恰斯（约公元前 190—前 125 年）擅长数学中的三角形运算，他利用三角形定理测量出地球绕太阳一圈的时间是 365 天 5 时 55 分 12 秒。跟后来人们已知更精确的数值相比，喜帕恰斯得出的结果只有约 6 分半的误差。

喜帕恰斯研究了天体的运行规律，发现地球的运行轨迹并不是正圆形：夏天时，地球离太阳较远；冬天时，地球离太阳较近。喜帕恰斯发现了许多诸如此类的天文现象，留下大量的观测数据，为以后的学者建立天文学体系奠定了基础。

托勒密

两个世纪后,天文学家托勒密(约90—168年)把喜帕恰斯等前辈的观测数据及零散的天文学知识作为研究资料,计算出多个天体运行的轨迹,开创了天文学体系。

托勒密出生在埃及的亚历山大城,生活在罗马人统治埃及的时代。不过,托勒密本人的确是希腊人的后代,并且有可能是托勒密一世的王室宗亲。托勒密在文学方面也有所成就,《希腊诗选》中就收录了他的诗歌。因此,我们在"希腊化时代"这一章介绍托勒密。

托勒密最著名的学说是"地心说"。我们今天早已明确了地球是围绕太阳运转的,但在托勒密生活的时代,人们对天体的观测都由地球出发,难免会认为地球是宇宙的中心。托勒密借鉴喜帕恰斯留下的观测数据,创造了地心说模型。

把地球当作宇宙中的天体来研究时,人们讨论的是天文学;研究地球上的山川河流时,人们讨论的是地理学。除天文学之外,托勒密还对地理学有所研究,编写了一套《地理学指南》(8卷)。

托勒密对地理学的贡献主要在于发明了球体坐标,可以帮助人们确定球体之上的精确位置。我们今天使用的地图和地球仪上都有纵横交错的线条,横线是纬线,竖线是经线,经纬线就是托勒密利用球体坐标对地球提出的定义。

▲ 托勒密

在《地理学指南》中，托勒密收集了当时欧、亚、非三个大洲上8100多个地方的经纬度坐标，并且绘制了几十张地中海地区的地图。除了展示研究成果，托勒密还详细说明了把球体地图绘制在平面纸张上的方法。今天，人们绘制地图时仍然在使用这种方法，而且仍然按照托勒密的习惯，遵循着上北下南、左西右东的规矩。

托勒密的《地理学指南》很长时间都不为人知，直到15世纪被翻译成拉丁文，才受到了航海家的追捧。如果没有这本著作，探险家哥伦布或许不会发现美洲大陆。

数学同样是研究地理学的工具。出于研究需要，托勒密在数学方面也有所突破。地球是具有弧度的球体，所以经纬线的衡量单位是"度"。为确定两条相差1°的经线之间的实际距离，托勒密发明了一种能够计算弧度与弧长关系的方式，也就是弧度制。托勒密对经线间距的计算尽管不够精确，但依然为人们探索世界提供了帮助。

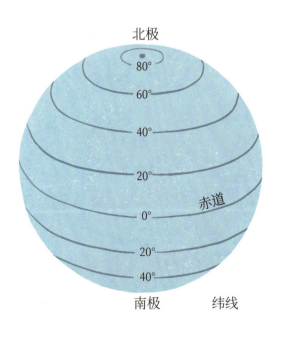

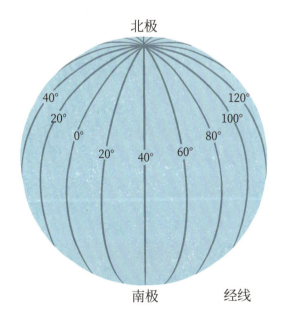

▲经纬线

结 语

公元前 4 世纪，希腊北部的马其顿迅速发展壮大。在十几年的时间中，国王腓力二世逐步统一了除斯巴达以外的所有希腊城邦。随后，亚历山大大帝不断向东进发，征服了波斯帝国等国家和地区，建立起幅员辽阔的亚历山大帝国。战争带动了各地文明的交流，希腊人学习了东方文化，同时也把本土先进的艺术、哲学和科学成就传播开来。

亚历山大去世之后，他的部将瓜分了帝国领土，建立起位于马其顿和希腊本土的安提柯王朝，位于埃及的托勒密王国，位于波斯和美索不达米亚的塞琉古王国。这些国家受希腊人统治，拥有希腊式文明，因此被人们称作希腊化国家。从希腊化国家建成到公元前 1 世纪的几百年中，各地文明或多或少地受希腊文明的影响，因此这一时期被称作希腊化时代。

在希腊化时代，数学家欧几里得写下《几何原本》，阿基米德总结出了计算浮力的公式，喜帕恰斯用数学方法为天文学的发展奠定了基础，托勒密在天文学和地理学等方面做出了贡献。